AF562656

MOTION

PRÉSENTÉE à l'Assemblée Générale des Représentans de la Commune de Paris, le jeudi 27 Mai 1790, & ajournée à la Séance du lendemain;

SUR la nécessité de vérifier les bruits répandus dans la Capitale, à l'occasion de la Visite (1) *faite, par M. le* Garde-des-Sceaux, *au Dépôt des Registres du Parlement, & à celui des Chartes, dans la matinée du Dimanche 23 Mai 1790, jour de la Pentecôte;*

PAR M. BERTOLIO,

L'un des Représentans de la Commune.

J'ÉTOIS tristement affecté des scènes sanglantes dont Paris avoit été le théâtre, les lundi & mardi de la Pentecôte; j'étois intimement convaincu que jamais elles n'auroient souillé la plus belle des Révolutions, si l'on eût éclairé

---

(1) C'est l'expression dont se sert M. le Garde-des-Sceaux, dans sa Lettre insérée dans le *Journal de Paris*, du 26 Mai.

nos bons & braves Concitoyens, lorſque des hommes ou mal inſtruits, ou mal intentionnés, commencèrent à ſemer, dans Paris, le bruit abſurde que les voleurs conduits au Châtelet étoient élargis le lendemain de leur détention, & qu'on leur donnoit de l'argent.

Le Procès-verbal de la Baſoche ſur ce qui s'étoit paſſé au Palais, le Dimanche jour de Pentecôte, faiſoit la plus vive ſenſation : on l'avoit publié dans le fauxbourg S.-Antoine, au moment même où le Peuple égaré ſe rendoit tout à-la-fois partie, juge & bourreau.

Ce Procès-verbal donna lieu à mille raiſonnemens. Des Ecrits imprimés fixèrent des idées dangereuſes. Les uns diſoient que M. le Garde-des-Sceaux n'avoit été au Palais que pour conſulter les anciens Regiſtres dans leſquels ſe trouvoient des Proteſtations de nos Rois contre des Arrêtés des Etats-Généraux : les autres diſoient poſitivement que M. le Garde-des-Sceaux avoit dépoſé dans les Regiſtres du Parlement une Proteſtation formelle contre le Décret de l'Aſſemblée-Nationale, du ſamedi 22 Mai (1).

J'avois été témoin de la fermentation qu'excitoient ces aſſertions. Je crus qu'il étoit de mon devoir, comme Repréſentant de la Commune de Paris, de chercher à arrêter cette fermentation, dont les ſuites me paroiſſoient incalculables, & le paroîtroient également à tous

---

(1) Voyez la Feuille intitulé : *Relation de ce qui s'eſt paſſé à Montmélian, & nouveau Complot formé par la Magiſtrature*, chez Garnery, Libraire, rue Serpente, n° 17.

ceux qui voudront réfléchir ſur l'agitation qui régne dans tous les eſprits.

C'eſt ce qui me détermina à faire ma Motion, le jeudi 27. Elle fut ajournée au lendemain vendredi : & le Comité des Recherches fut invité à ſe trouver à la Séance. Je la repréſentai en forme d'Arrêté, & en ces termes :

UN des Membres de l'Aſſemblée ayant dit : qu'il ſe répandoit dans Paris que M. le Garde-des-Sceaux s'eſt rendu au Palais, Dimanche dernier, jour de la Pentecôte, dans la matinée ; qu'accompagné de M. le Premier Préſident & de M. le Procureur-Général, il s'eſt tranſporté aux Archives du Parlement ; que le jour, l'heure de cette Viſite extraordinaire, les précautions de fermer toutes les portes extérieures, pour ſe ſouſtraire aux regards du Public, avoient provoqué des ſoupçons, & ſemé des alarmes ſur cette démarche myſtérieuſe ; que déjà l'on diſoit hautement, dans des Ecrits imprimés, que M. le Garde-des-Sceaux n'avoit eu d'autre motif que de conſulter les anciens Regiſtres du Parlement, pour connoître la forme des Proteſtations faites par quelques-uns de nos Rois, contre les délibérations priſes par les Etats-Généraux tenus ſous leur régne, afin d'en dreſſer de ſemblables contre le Décret de l'Aſſemblée Nationale, rendu le ſamedi veille de la Pentecôte ; que d'autres aſſûroient que la Proteſtation contre ce même Décret, avoit été réellement dépoſée dans les Archives du Parlement ; & que la *Lettre* de M. le Garde-des-

Sceaux, insérée dans quelques Journaux, s'exprimoit d'une manière trop vague, pour calmer les craintes & les inquiétudes que sa démarche a fait naître.

Qu'il est de la prudence, de la sagesse, & même du devoir de l'Assemblée d'approfondir ces bruits pour en prévenir les suites, s'ils sont fondés, & éclairer & détromper les Citoyens, s'ils sont faux.

Sur quoi l'Assemblée, considérant que des bruits de la nature de ceux qui lui sont dénoncés, ne peuvent produire que les effets les plus fâcheux : qu'en supposant au Roi des intentions contradictoires avec celles dont il a déjà donné tant de preuves éclatantes, ils tendent à altérer, dans l'esprit des Peuples, l'amour, la confiance & le respect qu'il a si bien mérités; ce qui seroit un des plus grands malheurs dont la France pût être affligée :

Considérant que les ennemis de la Révolution, qui se déguisent sous tant de formes, & qui employent des moyens si disparates pour arrêter les progrès de la Constitution, pourroient se servir de ces bruits alarmans, & les ont peut-être eux-mêmes répandus, pour exciter de nouveaux troubles, & chercher à rendre odieuse une liberté, qui le deviendroit effectivement, si elle n'opéroit le calme, la sûreté & la tranquillité publiques :

Considérant que les Ministres sont eux-mêmes intéressés à la vérification & à l'éclaircissement de faits, dont l'incertitude laisseroit des doutes sur la pureté & le patriotisme de leurs intentions ;

Considérant, enfin, qu'un des devoirs les plus essentiels des Représentans d'un Peuple libre, est de prévenir ou d'arrêter tout ce qui peut compromettre la chose publique :

A arrêté que six Commissaires choisis parmi ses Membres, & accompagnés d'un des Secrétaires de l'Assemblée, se transporteront, sans delai, chez M. le Procureur-Général au Parlement, & l'inviteront, au nom de la Commune de Paris, à vouloir bien déclarer ; 1° Si M. le Garde-des-Sceaux s'est rendu au Palais, dans la matinée de Dimanche dernier, jour de la Pentecôte ; 2° S'il a été introduit dans les Archives, le Trésor des Chartes, ou tout autre Dépôt des Titres & Registres conservés au Parlement ; quelles personnes l'accompagnoient, & si, pendant cette visite, on a fermé les portes extérieures, qui sont ordinairement ouvertes ; 3° Quels Registres & quels Chartres M. le Garde-des-Sceaux a particulièrement visités & examinés ; 4° S'il y a déposé, au nom du Roi, aucune Protestation, ou quelqu'autre Acte que ce soit :

Que le Secrétaire de l'Assemblée, qui accompagnera les Commissaires, recevra, par écrit, les Réponses de M. le Procureur-Général :

Qu'ensuite MM. les Commissaires inviteront M. le Procureur-Général à se rendre, sans délai, ave eux, chez M. le Premier Président, qui sera aussi invité, au nom de la Commune, à donner sa Déclaration sur les quatre Articles ci-dessus ; laquelle Déclaration sera également reçue par le Secrétaire de l'Assemblée :

Qu'après avoir reçu ces Déclarations, MM. les

Commiſſaires inviteront M. le Premier Préſident & M. le Procureur-Général à ſe tranſporter, avec eux, aux Archives du Parlement, au Tréſor des Chartes, & dans les Greffes où ſont les Regiſtres courants; prendront connoiſſance de l'état des Titres, Chartes & Regiſtres; ſe feront repréſenter ceux qu'ils jugeront néceſſaires, & notamment ceux qui ſont deſtinés à recevoir les Actes de la nature de celui qui fait l'objet des bruits alarmans répandus dans le Public:

Que du tout ſera dreſſé Procès-verbal par le Secrétaire de l'Aſſemblée, pour le Procès-verbal, ſigné de lui & de MM. les Commiſſaires, ainſi que les déclarations de M. le Préſident & de M. le Procureur-Général, être rapportés à l'Aſſemblée, pour y être ſtatué ainſi qu'il appartiendra, & être rendu public par la voie de l'impreſſion & de l'affiche.

Et que cependant tous les bons Citoyens ſeront invités, à ne pas croire légèrement aux bruits qui circulent dans la Capitale, relativement à la Viſite de M. le Garde-des-Sceaux aux Archives du Palais: à ne ſe porter, ſous prétexte de ces bruits, à aucun mouvement capable de nuire à la tranquillité générale, & à attendre en paix le réſultat des moyens employés par l'Aſſemblée, pour découvrir la vérité ſur des faits auſſi importans, & lui donner la publicité qu'elle doit avoir, l'impreſſion, l'affiche, & l'envoi aux ſoixante Diſtricts.

TELLE eſt exactement la Motion en forme d'Arrêté, que j'ai remiſe ſur le Bureau, après avoir donné lecture d'un des imprimés que j'avois cités. Les débats furent vifs, & les oppositions très-fortes. Un des Opinans qui me combattoit, annonça que le Roi avoit envoyé dans la journée, à l'Assemblée Nationale, son acceptation du Décret du 22. Je crus que cette acceptation changeoit l'état des choses; & qu'après cet Acte solemnel, émané d'un Prince, qui a trop fait pour la Liberté Nationale, pour qu'il soit permis de soupçonner sa bonne-foi, toute idée de Protestation, déposée au Parlement, devoit s'évanouir. En conséquence, je retirai ma Motion.

Mais ceux même qui l'avoient combattue s'y opposèrent, soutinrent qu'elle appartenoit à l'Assemblée, & firent prononcer *qu'il n'y avoit lieu à délibérer.*

Voilà la vérité qu'on a défigurée : on a prétendu & imprimé, que j'avois dénoncé M. le Garde des Sceaux. Je l'aurois fait, si j'avois cru devoir le faire; & si je l'avois fait, je ne m'en défendrois point. Le nom d'un Ministre, quel qu'il soit, ne doit point en imposer à un Représentant d'un Peuple libre.

Je n'ai point dénoncé M. le Garde-des-Sceaux, j'ai seulement dénoncé des bruits dangereux, occasionnés par sa Visite au Palais; j'ai cru qu'il ne falloit pas leur laisser prendre plus de consistance; j'ai cru que le moyen le plus simple de les arrêter dans leur origine, étoit de vérifier les faits allégués, & d'éclairer le Peuple, que ses propres ennemis égarent, pour en faire l'instrument de leurs projets criminels. L'Assemblée générale des Représentans de la Commune a jugé que je me trompois, non pas dans mes vues, car je ne puis pas me le persuader, mais dans mes moyens. Je souscris à sa décision.

Je ne souscris pas de même aux assertions répandues par quelques Journaux, & répétées par leurs Lecteurs. MM. les Rédacteurs, trop empressés de satisfaire la curiosité de leurs Abonnés, ne se donnent pas le temps de s'assûrer de la vérité. C'est pour la rétablir à mon égard, que je mets sous les yeux du Public, l'historique & le texte de ma Motion.

Signé, BERTOLIO.

MDCCXC.

www.ingramcontent.com/pod-product-compliance
Lightning Source LLC
LaVergne TN
LVHW010339230826
846091LV00009B/3945